AF224621

VIE
DE MICHEL
LEPELETIER.

VIE

DE MICHEL

LEPELETIER,

REPRÉSENTANT

DU PEUPLE FRANÇAIS,

Assassiné à Paris le 20 Janvier 1793,

FAITE ET PRÉSENTÉE

A LA SOCIÉTÉ DES JACOBINS

PAR FÉLIX LEPELETIER,

SON FRÈRE.

A PARIS,

De l'Imprimerie des SANS-CULOTTES, maison ci devant de l'Assomption, rue Saint-Honoré, N°. 20.

RAPPORT

FAIT A LA SOCIÉTÉ DES JACOBINS,

Sur l'examen d'un ouvrage intitulé :

LA VIE DE MICHEL LEPELETIER,

Un des premiers Martyrs de la Liberté, à la séance du primidi onze Pluviose, de l'an deuxième de la République Française une et indivisible.

CITOYENS,

Les Commissaires que vous avez chargés de vous faire un rapport sur la vie de M^{el}. Lepeletier, tracée par la main de son frère, se sont réunis, conformément à votre arrêté ; ils ont entendu avec intérêt la lecture que Lepeletier leur a fait de la vie de son frère. Ce récit tracé par la main de l'amitié et de la sensibilité, présente des détails infiniment précieux, une série d'actions vertueuses, un modèle enfin de vertus républicaines.

Nous ne ferons point l'apologie de cet ouvrage ; il ne nous convient pas de préjuger votre opinion : nous vous dirons seulement, que

A

nous croyons que vous lirez vous-mêmes avec intérêt la vie de M^{el} Lepeletier. Nous pensons, comme vous, qu'il importe de donner de la publicité aux belles actions, à la vie des hommes, qui, par leurs vertus, leur dévouement, ont contribué à propager les principes de la liberté et de l'égalité, à fonder enfin la République ; et parmi les Citoyens dignes de votre estime, vous comptez M^{el} Lepeletier, placé sur la même ligne que votre ami Marat.

Citoyens, en lisant la vie de M^{el} Lepeletier, vous pourrez juger vous-mêmes, combien il est utile de présenter aux républicains la vie des hommes qui se sont, comme Lepeletier, dévoués pour le salut de la République ; nous pensons que la Société pourroit ordonner l'impression de la vie de M^{el} Lepeletier, la distribution à ses membres, aux Citoyens des tribunes, et l'envoi aux Départemens.

MOMORO ; C. ROUSSEAU, *Architecte* ; HULLIER, *Commissaires nommés par la Société des Jacobins, pour l'examen de l'ouvrage intitulé :* VIE DE MICHEL LEPELETIER.

LA SOCIÉTÉ ayant entendu la lecture de ce rapport, a arrêté l'impresson de la vie de M^{el} Lepeletier, précédée du rapport ci-dessus, dans sa séance du 11 Pluviose, de l'an deuxième de la République Française une et indivisible.

REVERCHON, *Président* ; MOMORO, *vice-Président* ; SIMON, DUMAINE, URBAIN JAUME, MONGE, CHARLES DUVAL, *Secrétaires.*

VIE

DE

MICHEL LEPELETIER.

Ce seroit presque un crime public de rappeller, à l'époque où nous sommes, des noms, des places, et des détails qui tenoient à l'ancien despotisme. Mais c'est la vie d'un homme que j'écris. Il naquit en tel temps; il faut bien dire à la postérité ce qu'étoit ce temps; il faut bien dire ce qu'il faisoit dans ce temps: c'est une fatalité attachée à l'époque du commencement de son existence: mais est-ce vraiment une fatalité? Ceci donnera à chercher si cet homme, sous le régime despotique où il naquit, annonçoit déjà l'opinion que devoit avoir un ami, un défenseur de l'Egalité et de la Liberté; et on trouvera, je pense, avec plaisir, que M^{el} Lepeletier promettoit dès sa plus tendre jeunesse, d'être ce qu'on l'a vu pendant quatre années de révolution, et ce qu'on l'auroit vu toujours, si les tyrans ne l'eussent pas su juger, et ne l'eussent pas désigné aux hommages des hommes libres, en le frappant de leur poignard, en l'enlevant à l'humanité. Cependant j'ai traversé rapidement ces temps de féodalité et d'oppression ; on peut appeler cela des ombres : il en faut à tous les tableaux. Pour le reste de sa vie, qui sont les quatre années de la révolution, où il fut revêtu de la confiance de ses concitoyens, on les parcourt sans amertume ; on y voit l'homme libre, énergique, plus occupé des bases réelles de la Liberté et de l'Egalité, que des détails dégoûtans de personnalités. Etranger à toutes les intrigues, n'ayant vu, dès les premiers momens dans la révolution, qu'une ligne droite qu'il suivit rigoureusement, sans ostentation, sans jalousie, et dans laquelle il fut frappé, mais dont il a su marquer encore le prolongement avec son sang ; ligne vraie, sûre et ineffaçable, à laquelle se rallieront toujours les hommes qui n'ont d'autre but, que de bien mériter de la patrie.

Je ne me suis pas étendu aussi longuement que je l'aurois pu, sur le Code pénal, dont il fut le rapporteur dans l'Assemblée constituante, et sur le plan d'Instruction publique qu'il a laissé aprés sa mort : cette vie étant destinée à être à la tête de ses ouvrages, on les connoîtra mieux en entier et textuellement.

MICHEL LEPELETIER a vu terminer à trente-deux ans sa carrière ; il est mort assassiné : mais ce qu'il n'a pas vu, ce sont les regrets publics, qui ont voué sa mémoire à l'immortalité ; ni les honneurs que le Peuple Français lui a décernés, ses restes placés au Panthéon.

(5)

Rien n'a donc soutenu Lepeletier dans les momens de
crises publiques, que l'estime de lui-même, et le sentiment généreux de sacrifier son existence à la cause de
l'humanité. Cependant les stilets de la calomnie (1) ont
été éguisés dans les ténèbres ; et à peine son ame à
quitté sa dépouille mortelle, que quelques lâches ca-
lomniateurs ont osé, sans respect pour sa cendre, lancer
leurs noirs poisons.

Le mérite suscita toujours des ennemis, et un ancien
à qui on rapportoit que le nombre des siens étoit
considérable, repondit : *n'est pas calomnié qui le voudroit ;
au reste, à la fin de ma carrière, c'est sur ce que j'aurai
fait qu'on me jugera.*

C'est aussi sur la vie de Michel Lepeletier, que je
vais exposer aux yeux de ses concitoyens ; c'est sur le
tableau de ses actions, et j'ose le dire, de ses pensées,
qui m'étoient bien connues, que doivent s'émousser et
devenir impuissantes, toutes les menées traîtresses, pas-
sées ou àvenir, que la tendresse fraternelle repousse vic-
torieusement, par l'exposé sincère de la vie, des actions
et des opinions de Michel Lepeletier.

'Michel Lepeletier naquit à Paris, le 29 mai 1760, de
E. Mel Lepeletier S. Fargeau, et M. A. Lepeletier. Il resta
seul des enfans que son père avoit eus de ce mariage.
Son père s'étant remarié, eut plusieurs enfans de son se-
cond mariage, dont moi, Félix Lepeletier, qui écris sa
vie, suis de ce nombre. Dès la plus tendre enfance,
cette différence de mère, source ordinaire de jalousie

---

(1) On doit se rappeller les absurdités émises par Gorsas, et
d'autres journalistes dans leurs feuilles périodiques : les uns ont
déja été frappés par le glaive de la loi. . . . .

dans les familles, n'en fut pas une pour les fils d'E. M^el Lepeletier de Saint-Fargeau.

Au contraire, de cette époque de notre enfance, date l'amitié que mon frère m'avoit vouée. Une grande simpathie de caractère en fut l'origine ; le temps resserra par les nœuds indissolubles de l'estime, ce nœud sacré qu'avoit dabord ébauché la nature ; la révolution ne fit qu'y ajouter encore.

O ! temps heureux de notre enfance, et celui de notre jeunesse, qu'êtes-vous devenus ? Songe passé trop vîte ! O ! ma patrie, permets moi encore ce regret ; la mort de Lepeletier te fut utile et glorieuse, mon frère lui-même a tout gagné au change ; mais moi, ... son ami, ... je détourne les yeux de dessus moi ; je ne vois que la Patrie, la gloire de mon frère, et mon devoir, qui est de le faire connoître aussi parfait, qu'il évitoit par modestie de le paroître.

Le père de Michel Lepeletier étoit Président à Mortier au Parlement de Paris ; charge, qui, par le chapitre immense des abus étoit devenue, pour ainsi dire, héréditaire depuis plusieurs générations dans sa famille. Il avoit dabord rempli celle d'avocat général ; et dans cette dernière place, favorable dans le barreau pour faire connoître ses talens, il avoit acquis une grande rép. . tion, soit par les causes célèbres (1) dont il

---

(1) C'est à lui à qui l'on doit entr'autres choses, l'expulsion des Jésuites. Ces moines intrigans alloient gagner leur procès, quand notre père, qui sentoit la nécessité de chasser cette secte ambitieuse, demanda qu'elle fût tenue de déposer sa constitution sur le bureau, et en requit la lecture. Leur constitution une fois connue, le parlement prononça contre eux, et les Jésuites furent chassés.

avoit été chargé, soit par son opposition constante au despotisme de la Cour de Versailles.

Parvenu à la place de Président, cette opposition parut encore bien plus évidemment : ce fut à ses avis sévères contre le despotisme du Gouvernement, que le Parlement de Paris fut redevable de l'honorable exil de 1770, qui dura quatre années.

Le Chancelier Maupou, fut même à cette époque, jusqu'à dire au Roi : Sire, faites couper la tête au Président de Saint-Fargeau, et je réponds du reste. (1) Moins hardi que Meaupou, notre cousin, n'étoit atroce, Louis XV n'osa pas le faire.

C'est à cette époque du despotisme de la cour, que notre père fit jurer à mon frère la haine de l'arbitraire, avec non moins de force, que jadis Hamilcar fit jurer à Annibal la haine des Romains ; et mon frère aussi fidéle à son serment, que ce grand homme l'a été au sien, a consacré par sa mort ce principe : que rien ne doit être plus sacré pour un fils, que le serment prononcé d'après la volonté d'un père, pour le salut de ses concitoyens.

Je passe rapidement sur les premières années de sa vie ; mais il est un mot de son enfance que je ne dois pas oublier. A huit ans, il lisoit la Genèse ; et lorsqu'il fut à cet endroit, où il est dit que Dieu, irrité contre les hommes, fit pleuvoir quarante jours et quarante

---

(1) Avant l'exil, il fut tenu chez notre père une assemblée, où l'on délibéra de qu'elle manière on pourroit faire le procès à un Roi de France, si le cas y échéoit. Bertin, ancien Ministre sous Louis XV, rapportoit, au commencement de la révolution, ce trait peu connnu à quelqu'un qui s'étonnoit des opinions de mon frère ; et il ajoutoit : « Il suit les principes de son père ».

nuits pour les exterminer , Mᵉˡ Lepeletier s'écria : mais pourquoi, puisque Dieu est tout-puissant, emploie-t-il tant de temps pour punir ? Un seul moment suffiroit à sa toute-puissance. Cette remarque sembloit annoncer déjà, que dans le courant de sa vie, Mᵉˡ Lepeletier ne se rendroit qu'à l'évidence (1).

Mᵉˡ Lepeletier entra de bonne heure dans la carrière de la magistrature. Il fut dabord Avocat du roi au Châtelet, et dès les premières causes qu'il plaida, il se fit remarquer par une éloquence douce et facile ; mais surtout par ce discernement, par cet esprit de droiture et de justice, qui fit presque toujours suivre ses conclusions.

Il perdit son père pendant qu'il étoit au Châtelet. Il mourut jeune encore ; la petite vérole enleva à la France un magistrat intègre, sévère, ami des loix et des mœurs (2), le chef du parti de l'opposition aux volontés capricieuses de la cour. Mᵉˡ Lepeletier sentit vivement la perte qu'il venoit de faire ; et dans les derniers momens de sa vie, ceux qui l'ont vu particulièrement, peuvent témoigner combien étoit grand le regret continuel qu'il éprouvoit de n'avoir plus son père.

Plus Mᵉˡ Lepeletier sentit la grandeur de la perte qu'il venoit de faire, plus il fut aussi convaincu de l'impérieuse nécessité de remplacer dignement son père, soit au Parlement, soit pour des enfans dans le bas

---

(1) Ce trait de son enfance, m'a été communiqué par le Citoyen Clairfons, qui faisoit alors l'éducation de mon frère.

(2) Un Citoyen qui vit encore, parlant à J. J. Rousseau de mon père et de sa sévérité, Rousseau répondit : « Je l'en estime d'autant plus : sa sévérité est une preuve de sa vertu ».

âge qu'il laissoit après lui. Il leur servit de père, et constamment pour eux, il en conserva le sacré caractère et la bienfaisance tutélaire.

Il avoit alors 18 ans. Ainsi donc, depuis cet âge, où les passions se développent, et souvent maîtrisent et entraînent dans leur développement, M^{el} Lepeletier fut livré à lui-même, se trouva possesseur d'une grande fortune, avec quelques autres avantages. Que de motifs pour ne pas échapper aux écueils de son âge ! eh bien ! il n'en fut rien. Jamais on ne vit de jeunesse moins orageuse et même plus calme. Il étoit, pour les jeunes gens de son temps, l'exemple de la retenue dans les mœurs, comme il l'étoit au barreau pour l'éloquence et la justesse de son esprit.

Quelques années après la mort de son père, M^{el}. Lepeletier passa Avocat-Général au Parlement de Paris; et là, sur un théâtre plus vaste, ses talens se développèrent encore avec plus d'énergie.

C'étoit sur-tout cette place qu'il aimoit; il la remplissoit avec tant d'activité, qu'à peine il se livroit au sommeil, employant toutes les nuits à travailler ce qu'il devoit le lendemain porter au Parlement. Tous les Avocats qui ont fréquenté alors le barreau, sont à même de redire combien est grande et surprenante la quantité de causes qui ont passé par ses mains, pendant qu'il fut Avocat-Général; et ils ajouteront sans doute, que dans presque toutes, ses conclusions dirigèrent le jugement.

Il rappella aussi la coutume de faire les réquisitoires de mémoire; ce qui donna beaucoup de jalousie à Séguier, qui, alors, brilloit à la même place, mais qui lisoit toujours ses plaidoyers.

A 25 aus il fut obligé de quitter cette place d'Avocat-

Général, pour monter à celle de Président à Mortier, que la mort de son père avoit laissé vacante. Ce fut une vraie peine pour lui ; et il offrit alors de renoncer à une des premières charges du royaume, pour rester à celle d'Avocat-Général, où, disoit-il, je puis être plus utile à mes semblables. On ne le lui permit pas ; la cour s'y opposa ; elle avoit déjà su le deviner.

Dans cette circonstance arriva cette grêle désastreuse, qui détruisit les moissons, et ravagea plusieurs provinces. La Picardie fut du nombre de celles qui souffrirent le plus. M^{el} Lepeletier avoit une terre auprès d'Abbeville ; il n'attendit pas que la plaie, s'aigrissant par les souffrances, eût fait parvenir vers lui les cris des infortunés qu'elle entraînoit au tombeau, par le manque de pain et leur ruine totale. Il vole, et les hommes de ces contrées apprennent son arrivée par la remise qu'il fait à tous, de ce qu'ils avoient à lui payer cette année. Son âme n'étoit pas encore satisfaite, que les leurs étoient tranquilles ; ils n'avoient plus de dettes ; mais où trouver du pain ? Ce fut encore lui qui remplit cette tâche si douce, de secourir ses semblables : il puisa dans ses coffres, et cette propriété lui coûta cette année là le double de ce qu'elle avoit coutume de lui rapporter.

Cette même année 1788 fut celle de ce fameux hiver. L'homme d'affaire qui géroit les biens qu'il avoit près d'Autun, lui écrivit, que le pain à Autun avoit été sur le point de manquer faute d'eau pour faire tourner les moulins ; mais qu'il avoit cru devoir vendre aux boulangers l'eau de ses étangs, pour parer à ce malheur, ce qui avoit secouru la ville, mais fait hausser le pain.

Il lui répondit: le riche ne doit point spéculer sur les malheurs publics pour augmenter sa fortune : *donnez et ne vendez pas* ; et dans le même tems la gelée lui faisoit faire des pertes immenses dans les bois qu'il avoit dans ces pays.

Et vous aussi, habitans de Sougères, joli hameau du Département de l'Yonne, vous n'avez pas oublié non plus, lorsqu'un feu destructeur réduisit presque toute votre Commune en cendres, vous n'avez pas oublié, dis-je, qui vous tendit une main secourable.

Voilà des traits caractéristiques de sa bienfaisance ; je les rappelle, parcequ'ils ont été publics : mais si j'entrois dans le détail de ceux qu'il faisoit en secret, et que sa mort a fait paroître par les pleurs qui couloient des yeux des malheureux, qui perdoient en lui leur appui, je troublerois la paix de son tombeau.

Rassures-toi, ombre chérie, c'est ton ami qui tient la plume.

Je ne tairai pas cependant le soin qu'il avoit dans les pays où étoient ses possessions, de faire vendre dans les temps difficiles les productions de ses terres, nécessaires à la vie ; à un prix moindre que celui des autres : il maintenoit par là les denrées de première nécessité à la portée des malheureux ; je dois dire, et c'est un devoir pour moi, qu'avantagé par sa position d'ainé, et par des substitutions considérables, il étendoit jusque sur ses frères, ses vertus bienfaisantes ; devoir naturel, mais malheureusement trop rare !

Tels sont les détails de sa vie, jusqu'à l'époque de la Révolution. Je les ai rapportés avec rapidité : on revient avec peine sur ces temps de corruption, mais on y retrouve, je pense, avec plaisir les développemens naturels d'un martir de la Liberté et de l'Egalité.

On peut dire , que pour lui il annonçoit déjà , que si jamais il se trouvoit placé entre une caste opulente et fière , dont il faisoit partie , et le peuple qu'elle opprimoit , il tendroit la main à celui-ci , combattroit pour lui contre ceux dont l'orgeuil devroit le révolter ; et que leurs richesses , loin de leur endurcir le cœur , eussent du rendre plus compatissans aux maux de leurs semblables.

Ce moment arriva bientôt.

La cour de Versailles ayant voulu pressurer encore la France par de nouveaux impôts , les parlements arrêtèrent les caprices du despotisme ; l'exil fut leur récompense. M^{el} Lepeletier fut un des membres de celui de Paris , qui se fit distinguer le plus par son opposition , (1) et qui contribua le plus à la convocation des Etats Généraux. Le parlement ayant été rappellé , M^{el} Lepeletier présida la chambre des vacations cette année 1789. Le nombre d'affaires qui furent terminées pendant ce tems est si grand , que jamais on n'avoit vu au palais ce zèle actif à satisfaire les malheureux plaideurs.

Les assemblées étoient formées déjà par toute la France : on lui écrivoit d'Auxerre , d'Autun : venez , et vous serez nommé député aux Etats Généraux. Il répondit : mes devoirs m'enchainent , et il termina la chambre des vacations.

Il fut cependant nommé député aux Etats Généraux , et ce fut par la Ville de Paris.

Ici commence sa carrière , à proprement dire ; car c'est ici que la Patrie a vraiment pu attendre de lui. On

____

(1) Ce qu'on appelloit le grand-banc , les Présidens , étoient tous vendus à la Cour , excepté lui ; il ouvroit toujours l'avis opposé.

a vu ce qu'il promettoit d'être, on va voir s'il a tenu parole.

Ici toutes les preuves sont récentes et publiques ; ce sont ses actions, ses discours, aux yeux de la France entière. Il avoit été compatissant ; on va le voir se dépouiller par philosophie, tous les sacrifices être des jouissances pour lui, lorsqu'il s'agissoit du bonheur du peuple et de l'établissement de la Liberté et de l'Egalité.

Il est nécessaire que je revienne sur les commencemens d'une Révolution qui en produisit une générale dans les esprits, renversa les préjugés, et fit triompher la raison et la philosophie. On sait la division qui agitoit les trois ordres au commencement des Etats Généraux : M.el Lepeletier sut en prévoir les suites ; et les prévoyant, en sentir la valeur. Restraint par des mandats impératifs qui le retenoient à la chambre de la noblesse, il ne passa point avec la minorité aux Communes ; mais il répétoit sans cesse à l'impérieuse caste, combien sa conduite étoit pernicieuse au bien public et à elle-même. Il écrivit à ses commettans, que si, avant tel temps ils ne retiroient point leurs pouvoirs limités, il se regarderoit comme suffisamment autorisé à se joindre aux communes.

La réunion forcée des trois ordres le servit selon ses desirs, avant l'époque où il eût pu recevoir la réponse de ses commettans.

La fameuse nuit du 4 août, qui suivit de peu de jours cette réunion des trois ordres, le mit à même de faire connaître quels étoient ses principes. Effectivement, parmi les nobles qui depuis. . . . . . mais alors. . . . . . se firent connoître par des idées de philosophie, d'abandon de leurs droits, de leurs priviléges ; on remarqua Lepeletier par la motion suivante ; il s'appelloit alors Saint-Fargeau ; il dit ;

MM. quoique possesseur de marquisat et de comté, je ne viens point seulement pour dépouiller ces titres sur l'autel de la Patrie ; l'arbre de l'aristocratie a encore une branche que vous avez oublié de couper, et je viens l'abattre devant vous : je veux parler de ces noms usurpés, du droit que les nobles se sont arrogé exclusivement de s'appeler du nom du lieu dont ils étoient seigneurs. Un citoyen plus qu'un autre doit-il prétendre à cette dénomination. ? Non, MM. je ne le pense pas. Je fais donc la motion, que tout individu porte obligatoirement son nom de famille, et en conséquence je signe ma motion.

M^{el} LEPELETIER.

L'Assemblée décréta la motion de Lepeletier.

Il avoit, dès avant les décrets, fait enlever les bancs seigneuriaux, les titres, les armoiries dans ses terres, foulé aux pieds tous ces hochets de vanité.

On le vit toujours constant dans ses principes, siéger et opiner avec le côté gauche de l'Assemblée. Il a parlé toujours dans les plus grandes questions.

Son discours sur le droit de paix et de guerre, ne contribua pas peu à en priver le pouvoir exécutif.

Mais l'objet qui l'occupoit continuellement, étoit le code pénal. Il avoit été chargé de faire le rapport de cette partie intéressante de la Législation ; son opinion pour l'abolition de la peine de mort ayant prévalu dans le Comité, il fut chargé de la défendre à la tribune ; et quoique la peine de mort ait été conservée par l'Assemblée nationale, lorsqu'il lui présenta l'ensemble de son travail, néanmoins il en retira beaucoup d'honneur, et les suffrages des amis de l'humanité le dédomagèrent bien de la non-réussite de son opinion. La manière dont il développa et soutint cette opinion, lui attira même des correspondances de plusieurs parties de l'Europe, avec des gens qui avoient bien su l'apprécier.

Je ne puis m'empêcher de placer ici M^{el} Lepeletier en parallèle avec un des législateurs les plus fameux de l'antiquité. L'opposition marquée qu'il y a entre le systême de l'un et celui de l'autre, produira un contraste piquant; mais j'ose dire et penser, que la réputation du législateur Athénien, loin de ternir celle de mon frère, ne peut qu'y ajouter encore.

Je veux parler de Dracon, cet homme célèbre par l'austérité de ses mœurs, dont les principes en justice avoisinent tellement la barbarie, que sans le témoignage de l'antiquité, on seroit tenté de croire qu'il fut sourd à la voix de la nature et de l'humanité, Dracon, dis-je, n'avoit connu que la peine de mort pour opposer aux forfaits les plus atroces, ainsi qu'au crime le plus léger.

Il poussa la rigidité jusqu'à punir aussi de mort la source même du vice, l'oisiveté, comme le crime lui-même. Il semble par-là vouloir punir le crime à-venir; loin même de laisser des moyens propices au repentir, qui est un des principaux alimens qui substantent les vertus. Car qui de nous, s'il veut rentrer en soi-même, et parler avec franchise, ne pourra s'avouer coupable de quelques foiblesses, au moins d'intention ?

Le véritable Sage est celui qui combattant sans cesse contre ses propres passions, l'aura fait avec succès; et allez proposer maintenant à cet homme là, de ne pas croire au repentir! Si vous êtes cet homme, oserez-vous penser plus mal d'autrui que de vous-même? Non, vous ne le devez pas; et si vous le faisiez, je ne croirois pas à votre vertu; mais bien, comme l'a dit un homme célèbre, que l'hipocrisie est un homage forcé, que le vice même rend à la vertu.

Tels furent les principes naturels qui portèrent M^{el} Lepeletier à demander l'abolition de la peine de mort.

Il avoit pour lui l'expérience de plusieurs peuples anciens et modernes; il doutoit même que la société eût le droit de priver un de ses membres d'une existence qu'il ne tient que de la nature. Convaincu, comme il l'étoit, que la peine de mort, loin d'arrêter les crimes, y provoquoit encore, est-il étonnant qu'il ait pris pour base de son travail cette abstraction de l'ancien systême, et qu'il ait fondé le sien sur l'espoir du repentir, si attrayant pour un cœur compatissant, sur la prolongation des peines plus puissantes, pour l'exemple, et qui permet au moins cet espoir consolant du repentir, et de la vertu.

Telle est la différence entre Dracon l'Athénien, et M^{el} Lepeletier. Je n'oserais prononcer lequel a pensé le plus en Législateur; le tems cependant a fait juger le premier : son code pénal, à force d'être sévère, a pu subsister à peine quelques instans; le tems fera juger aussi celui de M^{el} Lepeletier; car il n'est pas douteux, qu'une législature, lorsque l'espéce des traitres sera tarie par les tribunanx révolutionnaires, qu'une législature, dis-je, ne porte un jour une main hardie sur les tables de la Loi, et n'en efface à jamais la peine au moins inutile de la mort dans un gouvernement consolidé.

Faut-il rappeller, à l'appui de sa manière de voir, un trait récent, qui fait sentir combien il sut toucher au vrai le cœur humain ? Quels sont les hommes qui ont arraché à la proie des flammes les restes embrâsés du port de Toulon, les magasins et les vaisseaux de la République ? Forçats de Toulon, vous fûtes criminels; paroissez sur la scéne ; vous seuls cependant avez montré

des

des vertus dans cette cité rebelle. Toi, sur-tout, que le goudron enflammé ne put même arrêter; tes mains brûlées pour la République ne doivent plus porter de fers; la Convention les fait tomber. Honnêtes gens, si rigides, vous ne rougirez pas, je le sais; mais taisez-vous au moins.

Il est un cas réservé cependant par M^{el} Lepeletier, où la peine de mort doit être prononcée. C'est à l'occasion des chefs de partis. " Ces citoyens doivent cesser d'exister, „ dit-il (1), " moins encore pour expier leurs crimes, que pour la sûreté de l'Etat ; tant qu'ils vivroient ils pourroient devenir l'occasion ou le prétexte de nouveaux troubles. Rome, ajoute-t-il, dans les temps où la peine de mort étoit réservée aux seuls esclaves, vit précipiter du haut de la roche Tarpéïenne, Manlius... , Manlius, dont le courage la délivra du joug des Gaulois, mais dont l'ambition aspiroit à la tyrannie. „ Et cette exception pour la peine de mort, M^{el} Lepeletier l'établissoit pour consacrer à jamais ce principe fameux :

Salus populi est lex suprema.

Durant le cours de l'Assemblée constituante, mon frère eut, dans plusieurs occasions, à répondre à la mal-veillance qui s'attache de préférence aux hommes marquans. Telle fut celle, où porté à la Présidence de l'Assemblée, il se trouva en rivalité avec l'Abbé Sieyes qu'un parti portoit à cette place. Ce parti crut que la calomnie seroit le moyen le plus efficace à employer contre M^{el} Lepeletier, pour faire réussir ses vues.

____

(1) Extrait de son Rapport sur le Code pénal.

B

En conséquence, on imprima un pamphlet contre Lepeletier, et celui-ci répondit, que lui-même avoit donné sa voix à Sieyes. Quand au reproche qu'on lui faisoit : « Je le répète modestement, disoit-il, je n'ai point l'honneur d'avoir fait la révolution..... Mais je le dis aussi avec vérité : je l'ai suivie fidèlement sans le moindre écart ; je l'ai embrassée avec ardeur ; je l'ai admirée, je l'ai aimée, je la défendrai constamment (1).... » A-t-il tenu parole ? Sieyes fut Président, et mon frère après lui.

Il est encore une circonstance où la calomnie chercha à l'attaquer, mais envain ; ce fut lorsque les nouveaux Tribunaux furent organisés dans la ville de Paris. Il fut appellé à une de ces places par la voix des Electeurs du Département de Paris. Ayant refusé, des pamphlets parurent encore contre lui ; la même calomnie les avoit dictés, en attribuant à fierté, à hauteur, ce refus dont il donne les motifs dans la lettre suivante, qu'il écrivit à ceux qui avoient daigné le choisir.

MESSIEURS, (2)

Vos suffrages m'ont accordé le seul bonheur qui puisse flatter un citoyen, celui d'une élection libre, et d'un choix dicté par la confiance.

Sur cette liste remarquable, des juges que vous donnez à la Capitale, vous avez daigné placer mon nom à côté de ceux les plus distingués dans la révolution,

---

(1) Extrait de sa Réponse imprimée dans les temps.

(2) Lettre adressée par Michel Lepeletier à MM. les Electeurs du Département de Paris.

et les plus chers à la Patrie. Recevez, Messieurs, l'expression de ma reconnoissance ; je passerois avec empressement au poste que vous me désignez, si des liens antérieurs ne m'engageoient.

Les Electeurs du Département de l'Yonne m'ont appellé à leur administration.

Mes collègues ont encore resserré les nœuds qui m'attachent à ce Département, par des marques de leur estime.

Placé entre ces deux choix, je me sens retenu par une piété civique, à celui qui, le premier, m'a fait goûter le plaisir pur, d'être appellé par la voix de la Patrie, dans une élection populaire, et vraiment constitutionnelle.

Je vous prie, Messieurs, d'agréer avec bienveillance mon excuse et mes regrets.

Je suis, etc.

M^{el} LEPELETIER.

On voit, par cette lettre, qu'ayant accepté la place d'Administrateur dans le Département de l'Yonne, il ne pouvoit répondre au choix dont les Electeurs de Paris l'avoient honoré.

Le Département de l'Yonne le porta depuis à la Présidence ; il avoit des possessions dans cette contrée, il étoit très-aimé et estimé.

En 1790, à la Fédération, il avoit reçu et logé chez lui, pendant trois semaines, les fédérés de ce Département. Il avoit retracé à ceux qui aiment les vertus primitives, les temps heureux, où l'hospitalité étoit pour les peuples un des devoirs les plus sacrés.

Arrive enfin le moment fatal de la revision de l'acte constitutionnel : moment fatal pour la Patrie dont les droits furent lézés ; fatal aussi opur les réputations. C'est dans cette circonstance que l'on vit foiblir des citoyens, qui jusqu'alors avoient bien mérité par leur fermeté ; ce fut alors aussi que des traîtres se démasquèrent.

M^{el} Lepéletier fut contre l'acte de revision, et dès ce moment il disoit hautement, que c'étoit un crime de donner trente millions par an, à un homme au moins inutile à la machine politique, et qui n'emploiroit ses grandes richesses qu'à corrompre l'esprit public. Quelques voix se firent entendre contre cette traîtreuse révision de l'acte constitutionnel : on remarqua celle de M^{el} Lepeletier.

Au reste, c'est à ce moment de perfidie que l'on doit la République. Le jour où l'on voulut restreindre les droits du Peuple, fut celui où les bons citoyens firent serment de les conquérir en entier.

L'Assemblée législative vint remplacer la constituante, et Lepeletier alla présider le Département de l'Yonne. C'est dans cette position qu'on le suit avec plaisir, qu'on le voit ferme et calme inspirer cette même fermeté et ce même calme aux citoyens de ce Département. Il quitta son poste de l'Yonne quelques mois avant la déclaration de la guerre, et vint à l'Assemblée législative présenter le tableau du Département de l'Yonne, qui s'est toujours bien montré dans la révolution ; et après avoir retracé fidèlement l'opinion publique qui y règne, il ajoute : « Et nous plaçons l'opinion, non pas au milieu de quelques cotteries prétendues distinguées, cercles étroits, plutôt que choisis, tous composés d'êtres enchaînés à d'anciens préjugés, où se traînant à l'entour de leurs vieilles habitudes, foibles ennemis de la constitution, ou froidement indifférens pour elle; qui se vantant d'être l'élite de la Nation, en sont à peine la superficie; atôme de peuple imperceptible pour nous, nul aux yeux de l'avenir. Nous appellons opinion publique, le sentiment ferme et profond de ceux qui servent la patrie dans les différens postes où la confiance les a placés; de ces bons et laborieux cultivateurs qui, sous l'influence heureuse de la liberté, fécondent nos campagnes affranchies; des commerçans dont l'industrie ranimée, trouve dans nos loix bienfaisantes une vie nouvelle; enfin de ces hommes essentiellement nécessaires à l'état, qui vivent du travail de leurs bras, et à force de sueurs élèvent encore leurs familles : c'est dans ces classes utiles que nous voyons le Peuple Français; c'est là que nous cherchons son opinion. C'est parmi ces hommes que la Constitution trouve des cœurs pour l'aimer, et des bras innombrables pour la défendre.......» Et plus loin, il termine ensuite ce même discours par ces paroles, qui sont devenues une espèce de prophétie :

» Où est donc, MM. la puissance qui pourroit vous entraver dans votre marche ? Seroit-ce un monarque lié à la Constitution par sa volonté, par son intérêt, par l'exercice le plus libre de sa prérogative. ?

» Seroit-ce des Ministres perfides ? Une responsabilité sévère les menace : vous les surveillerez, mais sans défiance; car vous êtes trop sages pour les réduire à l'inaction, et vous êtes trop forts pour être soupçonneux,

„ Seroit-ce des prêtres hypocrites ? Mais votre juste fermeté va bientôt faire tomber le masque ; ils ne seront
plus redoutables.

„ Seroit-ce quelques clameurs dont les échos du Rhin
retentissent ? L'antre de l'agiotage les répète , assurant des
gains impurs sur le jeu des terreurs et des espérances......
Mais vous vous êtes couverts de vos armes , et toute
la France a applaudi.

„ Seroit-ce enfin des Rois étrangers , MM. ? Non loin de
nous il existe un grand exemple , et une bien redoutable
leçon. Dans les plaines de Morat , chez les Suisses nos bons
alliés , quatre simples murailles forment une assez vaste
enceinte où on y lit cette inscription : Le Duc de Bour-
gogne étant entré en Suisse avec son armée , a laissé ces
seules traces de son passage. . . . . . Ces traces sont les
ossemens de quarante mille Bourguignons.

„ Puissent la justice et la liberté triompher dans cet
empire , sans élever à la vengeance un aussi terrible monument. (1)„

Mais bientôt, quelle crise se manifeste ? Au milieu de la
lutte à jamais mémorable du despotisme qui s'écroule ,
qui exhale en expirant et ses cris impuissants , et ses
venins corrupteurs , et de la République qui, forte de ses
seules vertus , qui , jeune , énergique et vigoureuse ,
s'élève et anéantit son rival , vieilli dans les préjugés , et
défendu par ses vils esclaves gangrenés ; au milieu, dis-je,
de tous ces combats que se retrace facilement notre mémoire , lorsque l'on vit des hommes revêtus de la con-

---

(1) Extrait de l'Adresse présentée par Michel Lepeletier à l'Assemblée législative.

fiance du peuple ramper lâchement ; que faisoit Lepeletier?
Il quittoit encore son poste de l'Yonne quelques jours
avant le 10 Août, et venoit au nom des Administrateurs
et des administrés de ce Département, rendre, dans le
sein de l'Assemblée législative, un nouvel hommage aux
droits sacrés du Peuple, en offrant le tableau de son Département. Fidèle aux principes, sourd à la voix du despotisme, tandis que d'autres, gagnés par la séduction
de représentans perfides, ou d'administrateurs gagnés,
se rouloient dans la fange sous les pieds du despote.

L'immortelle journée du 10 août arrive ; le royalisme
est renversé. M^{el} Lepeletier contribue à faire recon-
noître, dans le Département de l'Yonne, combien cette
journée mémorable est salutaire pour la France ; et
lorsque des esprits timides n'osent espérer, tremblent,
même ou reculent, on le voit toujours conséquent
en principes, seconder l'établissement de la République
française, et mériter d'être choisi par le Département
de l'Yonne, pour cimenter les bases de ce nouveau
gouvernement.

»Heureux, s'écrioit-il alors, les fondateurs de la République française ; dussent-ils payer ce bonheur au prix de
leur sang »! Et lorsqu'il disoit ces paroles remarquables,
il n'avoit plus que quatre mois à vivre.

La Convention nationale se rassemble ; la République
est proclamée. Les ennemis, aux portes de Paris, sont
repoussés par le courage des Français, et par des mala-
dies cruelles, qui se manifestent dans leur camp. Les
premiers mois de la Convention furent employés à
organiser la nouvelle forme provisoire du gouvernement,
et à chanter nos victoires rapides.

Ce fut au commencement de cette Assemblée, qu'il s'éleva de fortes réclamations contre la liberté de la presse, qu'une faction perfide vouloit atténuer pour mieux couvrir ses desseins. Après avoir bien distingué la licence de la presse d'avec la liberté, avoir fait sentir combien l'une est peu dangereuse, chez un peuple éclairé, et l'autre utile à l'humanité, il en appella à Robespierre, et à d'autres patriotes, qui, conjointement avec lui l'avoient soutenue dans l'Assemblée constituante, et on n'osa pas toucher à ce *palladium* de notre liberté.

Mais un point important avoit nécessité d'assembler une Convention nationale ; je veux dire, le procès d'un monarque perfidement parjure. La France demandoit à haute voix, qu'il payât de sa tête les torrens de sang qu'il avoit fait verser à ses enfans.

A cette époque à jamais célèbre, parurent les vrais Républicains, et M^{el} Lepeletier fut du nombre. Dans cette grande question, de la peine de mort contre Louis-Seize, il montra la même énergie que dans les autres, où résidoit de même le salut du peuple. Il manifesta son opinion sur l'affaire de Louis, et cette opinion (1), qui plongea le poignard dans le sein de mon frère, est trop connue pour en faire l'analyse toute entière. Je me contenterai seulement d'en citer la fin, et de dire, qu'il démontra que, faire valoir, en faveur de Louis, son inviolabilité constitutionnelle, étoit le

____

(1) On doit se rappeller que Pétion, au se n même de la Convention, appella les poignards sur la tête de mon frère ; relativement à son opinion dans l'affaire du Roi, et quelques jours seulement avant son assassinat.

revêtir d'une toge d'immoralité, que la Constitution même n'avoit point ourdie contre le peuple.

« Après avoir réduit, dit-il, la démonstration de ce problême à des termes simples, qu'il me soit permis d'en sortir un instant ; mais pour réfuter deux orateurs qui s'en étoient eux-mêmes écartés, quoiqu'en suivant des routes bien différentes.

» L'un d'eux vous a proposé, comme une mesure politique, de dévouer Louis-Seize à une longue et ignominieuse détention, peine plus efficace et plus exemplaire que la mort.

» L'autre a soutenu, qu'au contraire, si la tête de Louis échappoit au glaive de la loi, au peuple appartiendroit encore le droit, il a presque dit, le devoir, de la faire tomber.

» Je répondrai d'abord à Fauchet, et je lui dirai que, comme lui, j'ai défendu le systême de l'abolition de la peine de mort ; mais alors je pensois, et je soutiens encore aujourd'hui, que si la raison et l'humanité remportent cette belle victoire sur d'antiques erreurs, la politique et l'intérêt suprême des Nations commandent peut-être une seule exception, précisément contre ceux dont l'existence est une occasion de troubles, un foyer d'agitations, une espérance pour les malveillans, une inquiétude pour les citoyens.

» En un mot, la peine de mort doit être bannie pour tous, hors les chefs de partis, dont on ne peut prolonger la vie, sans conserver un germe dangereux de dissentions et de maux.

» A l'égard de l'autre systême, quant à la théorie d'un

assassinat prétendu légitime , j'avoue que je ne l'adop-
terai , que je ne la concevrai jamais.

« J'admire Brutus frappant César! Pourquoi? C'est que,
lors qu'il tient en main le pouvoir, immoler un tyran,
c'est combattre. Mais pour Louis terrassé et captif, il
n'appartient qu'à la loi seule de le punir. Même si j'ai
relevé ce mot terrible , échappé au patriotisme d'un de
mes collègues, je ne l'ai pas fait pour détruire une telle
opinion dans vos esprits; je sais qu'elle ne peut pas y
pénétrer; mais j'ai cru important, pour le peuple qui
nous entend, de ne pas laisser germer une erreur qui,
prononcée dans cette Assemblée,. seroit d'autant plus
dangereuse, que sa source même la rendroit plus res-
pectable.

» Hasarderai-je de manifester toute ma pensée ?

» Il me semble que Robert a apperçu une vérité ; mais
qu'il l'a déplacée : révélons la au peuple , et qu'il con-
noisse tous ses droits, pour qu'il ne viole aucun devoir.

» S'il arrivoit que nous vinssions à prononcer sur le sort
de Louis, d'une manière évidemment contraire à la
justice, à l'intérêt public , à la conscience intime de
tout le Peuple français ...... seroit-ce contre Louis au
Temple , que ce même peuple devroit exercer , sans
l'intermédiaire des loix , sa vengeance ? Non, car là
est la trahison désarmée.

» Ce seroit contre les Mandataires infidèles de la Nation,
que l'insurrection deviendroit légitime ; parce que là
seroient réunies la trahison et la puissance (1).

----

(1) L'insurrection du 31 mai a prouvé que la Nation l'avoit entendu,
et qu'elle a sanctionné , à cette époque , la vérité qu'il proclamoit
cinq mois avant.

« Hâtons-nous d'écarter ces suppositions odieuses ; mais qu'il ne reste plus parmi nous , et sur-tout dans l'esprit du Peuple , aucune trace du système de l'assassinat, c'est-à-dire, d'un crime punissable dans tout individu , flétrissant pour toute nation qui s'en rend coupable , et dont la légitimité n'a pu, me semble, être un instant supposée, que par cette fatalité attachée à la royauté, qui, elle-même, fut une étrange exception à la raison publique, et une longue erreur du genre humain (1). »

Il fut pour la peine de mort, et en cela même il mit en pratique la seule exception qu'il avoit placée pour les chefs de partis, dans son système de la non-peine de mort, lors de la présentation du Code pénal à l'Assemblée constituante.

Enfin , conséquent dans ses principes et ses actions, il se montra un des vrais et courageux amis de la Patrie , en prononçant contre Louis Capet , avec les généreux montagnards dont il faisoit partie, le mot terrible, mais juste, qui plaça l'héritier de soixante despotes sous la trop long-temps méconnue , mais redoutable faux de l'égalité.

Nature.... Un moment..... Voici l'instant du forfait... Amitié ! devoir ! liez ma plume à mes foibles doigts.

Le tyran étoit condamné, mais vivoit encore , que mon frère n'étoit plus.

Simple dans sa manière d'exister, il alloit presque tous les jours chez un restaurateur appellé Février, établi au jardin de l'Egalité. On sait combien ce lieu était

____

(1) Extrait de son opinion dans l'affaire de Louis-Seize.

aussi le receptacle des coupe-jarets, des assassins et des brigands de toute espèce. Ce fut chez le traiteur Février, lorsque Lepeletier prenoit un repas frugal, selon sa coutume, le vingt Janvier 1793, vieux style, à cinq heures de l'après-midi, que le lâche Pâris, ancien garde du Roi, consomma le plus atroce des forfaits.

M^{el} Lepeletier étoit seul dans un caveau enfoncé : Pâris s'informe de la citoyenne Février, si mon frère étoit chez elle. On lui indique le lieu ; il y entre, et dit à mon frère : Etes-vous Lepeletier Saint-Fargeau ? Oui, lui répondit cet homme confiant. Vous avez voté dans l'affaire du Roi ; quelle à été votre opinion ? La mort, dit-il : je l'ai trouvé criminel en mon ame et conscience, et je l'ai jugé ainsi. J'ai fait mon devoir. A ces mots, Pâris tire un poignard terrible qu'il tenoit caché sous son vêtement, le plonge dans le corps de M^{el} Lepeletier, en disant : meurs, scélérat ! voilà ta récompense.

Mon frère appelle au secours ; le maître de la maison arriva à ce cri, et se saisit de l'assassin.

Mais qu'on se souvienne de la position où étoit Paris, de la fermentation que tâchoit d'établir une faction liberticide, toute puissante alors, et qui depuis a reçu la juste peine de ses crimes. Cette réflexion étoit nécessaire pour mieux faire connoître celui dont je retrace les derniers momens.

Frappé à mort, ce n'est pas pour lui que sont ses premières craintes ; il voit seulement les troubles que cet événement peut amener, qu'ils seroient funestes à sa Patrie ; il craint qu'on ne le venge, et il dit à Février : lâchez cet homme, et surtout ne faites pas de bruit.

Février, sans doute par cet ascendant que produit la vertu, lâche l'assassin qui se sauve.

Les secours les plus prompts furent prodigués à mon frère ; mais hélas ! que peuvent-ils, quand notre dernière heure est arrivée ?

M^{el} Lepeletier sentit son état dès les premiers momens ; et avec la même douceur qui le distingua dans sa carrière, on le vit dicter lui-même le procès-verbal de son assassinat.

Il lui restoit peu d'heures à vivre ; ce fut à l'amitié qu'il réserva ses précieux, mais bien cruels momens : il se fit transporter chez moi.

Quoiqu'absent, le bruit public m'eut bientôt apporté cette terrible nouvelle. J'accours, et ses premiers mots en me voyant sont : « Ah ! je te revois, mon ami ; regardes en quel état ils m'ont-mis, les traitres ! » Puis se reprenant, il ajouta : « Mon frère, je meurs content ; je meurs pour la Liberté de mon pays. »

Nulle aigreur, aucun sentiment de vengeance ne souillèrent ses derniers momens. Tout entier à la Patrie et à l'amitié, ce fut entre elles deux, qu'il partagea son dernier soupir. Il mourut, comme il avoit vécu, avec douceur, calme, et vertu.

La philosophie ne vit point non plus un de ses plus zélés disciples livrer ses derniers momens aux ministres de la superstition.

Il avoit été frappé à cinq heures ; ce fut à une heure du matin qu'il mourut. Il avoit reçu le coup de poignard au côté gauche, entre les deux dernières côtes d'en-bas ; la blessure étoit terrible, incurable, ses douleurs affreuses ; il eut a lutter sept heures contre la mort ; il la vit arriver, et la reçut avec un courage héroïque.

(30)

Telle fut la fin du premier Martyr de la Liberté; il étoit digne de l'être.

La Convention Nationale lui rendit justice, elle lui décerna les honneurs du Panthéon.

La Convention Nationale et le peuple de Paris portèrent ses restes inanimés au temple de l'immortalité.

Les prêtres qui n'avoient point été admis à ses derniers momens ne souillèrent point non plus ses funérailles. (1)

Jamais cérémonie ne fut plus auguste. Quel spectacle touchant, que celui d'un sentiment public exprimé par un aussi grand peuple !

Il fut porté le visage à découvert ; il étoit mort depuis trois jours. Sur ses traits étoit peinte encore toute la philosophie qui animoit son cœur. Sa blessure aussi, qui paroissoit à tous les yeux, le poignard dont il avoit été frappé étoient des objets qui, fixant la pensée, firent prêter plus d'un serment utile à la République. Des couronnes civiques faites par la beauté et la reconnoissance, trempées de leurs larmes, voloient de toutes parts, et traçoient, pour ainsi dire, le chemin de son dernier voyage.

Heureux le citoyen qui, après avoir fourni sa carrière, laisse encore après lui des preuves irrévocables de son amour pour la Patrie.

M^{el} Lepeletier s'occupoit depuis long-tems d'un plan d'éducation publique; il étoit même terminé. Je crus devoir, dans le Panthéon Français, lorsque je prononçai près de son corps son oraison funèbre, apprendre à

____

(1) Il fut le premier citoyen porté au tombeau sans le ministère des prêtres.

ma Patrie que mon frère laissoit un testament politique en faveur de l'humanité.

On l'a connu depuis, cet ouvrage ; et les suffrages qu'il à mérités, ont ajouté encore aux regrets publics.

Je dirai seulement ici de ce plan vraiment républicain, qu'une éducation commune, égale et forcée, en étoit la base. Il en faisoit porter le plus grand poids sur les riches. « Osons faire, dit-il dans ce plan, une » loi toute en faveur du pauvre, puisqu'elle reporte » sur lui tout le superflu de l'opulence, que le riche » lui-même doit approuver, s'il réfléchit; qu'il doit » aimer, s'il est sensible. Cette loi consiste à former » une éducation vraiment nationale, vraiment républi- » caine, également et efficacement commune à tous ; la » seule capable de régénérer l'espèce humaine, soit par » les dons physiques, soit par le caractère moral. En » un mot, cette loi est l'établissement de l'institution » publique. » Et plus loin, il ajoute, avec raison : » Ici » est la révolution du pauvre..... mais révolution douce » et paisible ; révolution qui s'opère sans alarmer la » propriété, et sans offenser la justice. Adoptez les en- » fans des citoyens sans propriété, il n'existe plus pour » eux d'indigence ; adoptez leurs enfans, et vous les » secourez dans la portion la plus chère de leur être. » Que ces jeunes arbres soient transplantés dans la pépi- » nière nationale ; qu'un même sol leur fournisse les » mêmes sucs nutritifs ; qu'une culture vigoureuse les » façonne ; que, pressés les uns contre les autres ; vivifiés » comme par les rayons d'un astre bienfaisant, ils crois- » sent, se développent, s'élancent tous ensemble, et » à l'envie, sous les regards et la douce influence de la

« Patrie (1) ». Son plan, qui faillit être décrété, à l'instant où il fut présenté par Robespierre à la Convention, a été définitivement écarté.

Les habitans des campagnes, loin de craindre un sacrifice, dont ils sentoient l'importance et l'utilité, disoient de son plan d'éducation : il est trop beau, il ne sera pas adopté.

Ils avoient raison. Le point essentiel, celui de l'institution commune, égale et forcée, a été rejetté ; mais un jour on y reviendra. Il en sera, de son plan sur l'éducation, comme de l'abstraction de la peine de mort. Les idées hardies étonnent d'abord ; les passions humaines se jettent aussi à la traverse. C'est l'histoire de notre révolution : beaucoup ont voulu douter, ou faire douter, et tous finiront par croire.

Telle fut la vie et la fin de M^{el} Lepeletier ; de celui que les tyrans ont assez connu pour le faire assassiner. Ils savoient bien qu'on pouvoit le plonger dans le cercueil, l'enlever à l'humanité, mais non le faire dévier. Il a offert l'exemple rare, mais puissant de l'homme qui, comblé des dons de la nature et de la fortune, a su fouler aux pieds tous les hochets de la vanité, mépriser toute espèce d'avantage pour lui-même, mais s'en servir pour l'utilité de ses semblables. Simple dans sa personne, au point d'étonner tous ceux qui le voyoient pour la première fois, il étoit endurci à la fatigue du corps, aux intempéries des saisons, au travail de l'esprit : les livres et l'agriculture étoient ses délassemens favoris.

Il avoit senti que dans les temps de révolution,

____

(1) Extrait de son ouvrage sur l'éducation publique.

l'homme

l'homme public doit s'isoler. Il rompit tous ces liens de convenance, de société, dont il sentoit le prestige, et dont il éprouva bien la fausseté. Presque seul, je fus pendant quatre années le dépositaire de ses travaux et de ses pensées; et sous son heureuse influence, j'ai senti le besoin de marcher sur ses traces. Je ne t'oublie point non plus, Maure, toi son collègue et son ami; la reconnoissance fraternelle t'inscrit ici aux fastes de l'amitié.

Deux hommes sont morts par les poignards, Lepeletier et Marat; celui-ci avoit pris le titre *d'Ami du Peuple*, et ses services le lui ont fait confirmer; M^{el} Lepeletier doit être appellé avec justice *l'ennémi des Rois*; sa mort et son caractère prononcé et suivi le lui ont mérité.

Je terminerai le récit de sa vie, par ce passage d'un de ses ouvrages, qui achevera de faire connoître la solidité et la vigueur de ses opinions politiques.

Il disoit au Département de l'Yonne dans des momens de crise:

« (1) Loin de nous cet engourdissement politique,
» ce poison destructeur de toute énergie, le froid mo-
» dérantisme, ... alliage monstrueux de la servi-
» tude et de la liberté, sentiment mixte, sistême faux
» dans les temps de crise, que Solon punissoit de mort
» dans Athênes, qu'en France tous les partis flétrissent par
» le mépris, impuissant pour la chose publique, fatal à
» celui-là même qui l'adopte, et dont les demi-moyens.

---

(1) Extrait d'un discours qu'il prononça étant Président du Département à Auxerre, à l'époque où il fut décrété que les corps administratifs tiendroient leurs séances publiques.

C

» épuisés bien avant le terme de la carrière, nous la
» font voir toute jonchée de débris de tant de répu-
» tations échouées ; de tant de héros avortés qui n'ont
» pu fournir la carrière de la Révolution toute entière. »

On peut ajouter, et c'est l'ambition de tous les vrais
Républicains, qu'il fut assez heureux pour servir encore,
par sa mort, la cause de la Liberté et de l'Égalité,
comme il y avoit coopéré pendant sa vie.

Aussi la reconnoissance publique et le génie lui
élèvent de toutes parts des monumens. Ses bustes sont
placés dans toutes les Sections de Paris, et dans les
Communes de la République. A Auxerre, sur la maison
qu'il occupoit, se trouve son effigie ; la place publique
qui est devant, porte son nom ; les Armées portèrent des
crêpes à leurs drapeaux et étendarts ; des bataillons ont
pris son nom ; l'Apelles de nos jours, le célèbre David,
dans un tableau sublime, a retracé ses traits à la postérité ; les arts à l'envie le multiplient de mille manières,
le pinceau, le burin, ou le ciseau le répétent en formes,
innombrables.

Une Section de Paris a pris son nom ; une place publique de cette Cité, une rue nous le rappellent aussi ;
le monument où il fut exposé mort aux yeux du Peuple,
à la place des Piques, subsiste encore ; de jeunes républicains, venant au monde, commencent leur carrière en
ajoutant son nom au leur ; la ville de Saint-Fargeau vient
de se déclarer Commune Lepeletier ; le Peuple Français
entier, enfin, a adopté sa fille unique ; elle est la première dans la République qui ait reçu cet honneur,
et la cause heureuse de la bienfaisante loi de l'adoption.

Cherchez dans l'histoire de l'Univers, et vous trouverez

peine l'exemple du seul Germanicus, dernier et vain espoir de la liberté Romaine , à qui Rome, cette mai-
tresse du Monde, a payé de pareils tributs.

O ! sainte amitié, si j'ai fait connoître un frère chéri,
si j'ai montré qu'il méritoit sa gloire ; si j'ai rempli dignement cette nouvelle tâche; si l'on conçoit bien tout
ce que j'ai perdu, c'est à toi encore que je le dois.
Amitié, sois toujours avec ma Patrie, mes Dieux et mon
guide, et conduis moi pur   et sans naufrage à mon
dernier azile.

Contraste insuffisant

NF Z 43-120-14